Inhalt

Bilanzierung von Pensionsverpflichtungen -
IASB legt Diskussionspapier vor

Kernthesen

Beitrag

Fallbeispiele

Weiterführende Literatur

Impressum

Bilanzierung von Pensionsverpflichtungen - IASB legt Diskussionspapier vor

A. Kaindl

Kernthesen

- Im März 2008 hat das IASB ein Diskussionspapier zur zukünftigen Bilanzierung von Pensionsverpflichtungen vorgelegt.
- Die verzögerte Gewinn- und Verlusterfassung bestimmter Wertschwankungen bei Pensionsrückstellungen soll bspw. abgeschafft werden.
- Ferner sind Änderungen bei der

Abgrenzung von Pensionszusagen geplant.
- Bei der Bilanzierung von Zusagen mit Günstigerklausel sind zukünftig diese Klauseln mit dem Fair Value zu bewerten.

Beitrag

Kaum haben deutsche Unternehmen die Umstellung von HGB auf IFRS erfolgreich gemeistert, werfen tief greifende Änderungen an den bestehenden Bilanzierungsnormen ihre Schatten voraus. Besonders einschneidend dürften sie im Bereich der Verbindlichkeiten aus Pensionszusagen ausfallen.

Gründe für die Überarbeitung der geltenden Bilanzierungsnormen

Das International Accounting Standards Board (IASB) hat am 27. März 2008 ein Diskussionspapier zur Bilanzierung von Pensionsverpflichtungen mit dem Titel "Preliminary Views on Amendments to IAS 19 Employee Benefits" veröffentlicht. Dieses Papier stellt das erste Zwischenergebnis des IASB-Projektes Überarbeitung der geltenden internationalen Bilanzierungsvorschriften für Leistungen von Unternehmen an die Arbeitnehmer nach Ende ihrer

Beschäftigungsverhältnisse dar. (1), (2)

Die Bilanzierenden stehen bei der Darstellung der betrieblichen Altersvorsorge vor der Herausforderung, den zeitlich gestreckten Sachverhalt einer Pensionszusage und ihrer Abwicklung am Bilanzstichtag komprimiert abzubilden. Gleichzeitig sind die aus der Zeitraumbezogenheit entstehenden Unsicherheiten zu erfassen. Zurzeit ist für die Bilanzierung von Pensionsverpflichtungen der IAS 19 anzuwenden. Dieser Standard stellt keine überzeugende Lösung dar und wurde deshalb in den letzten Jahren immer wieder heftig kritisiert. Insbesondere die Methodenvielfalt bei der Erfassung versicherungsmathematischer Gewinne/Verluste stand immer wieder in der Kritik. Diese Methodenvielfalt wurde gewährt, um große Schwankungen der Pensionsverpflichtungen im Jahresabschluss zu vermeiden. (4)

Derzeitige Bilanzierungsmöglichkeiten und deren Zukunftsaussichten

IAS 19 sieht drei verschiedene Möglichkeiten des Ausweises der Ergebnisse aus der Bewertung von

Pensionsverpflichtungen vor: (1)

Im Rahmen der ersten Möglichkeit ist die gesamte Veränderung gegenüber dem Vorjahr ergebniswirksam in der Gewinn- und Verlustrechnung (GuV) auszuweisen.

Die zweite zulässige Alternative, das sog. Korridorverfahren, welches bisher erlaubt war, um die aus der Verwendung von Schätzparametern resultierenden Bewertungsschwankungen über die Jahre zu glätten, wird abgeschafft. Damit soll sichergestellt werden, dass die Verpflichtungen auf den Schätzparametern des jeweiligen Stichtages beruhen. Die Korridormethode hat in der Praxis teilweise dazu geführt, dass die Pensionsverpflichtung nicht in voller Höhe ausgewiesen wurde.

Die dritte zurzeit mögliche Form, die ergebnisneutrale Erfassung sämtlicher Schätzwertänderungen bei entsprechendem Ausweis außerhalb des Jahresüberschusses in einer Eigenkapitalveränderungsrechnung, soll gleichfalls abgeschafft werden. Diese Möglichkeit wurde durch das IASB erst Ende 2004 nach britischem Vorbild in den Standard übernommen und erfreute sich seitdem bei den Unternehmern zunehmender Beliebtheit.

Von den derzeit drei verschiedenen Möglichkeiten

der Bilanzierung von Ergebnisschwankungen im Rahmen der Pensionszusagen sollen drei abgeschafft werden. Dies wird in den Unternehmen zu einem entsprechend hohen Schulungs- und Umstellungsbedarf führen. (1)

Aktuell müssen Unternehmen für die Pensionszusagen eine Unterscheidung in leistungsorientiert und beitragsorientiert vornehmen. Während bei beitragsorientierten Verpflichtungen nur fällige Beiträge zu bilanzieren sind, führen leistungsorientierte Verpflichtungen zu einer verpflichtenden Anwendung der komplexen Methode der laufenden Einmalprämien. Diese Abgrenzung hat in der Vergangenheit zu überwiegend sinnvollen Ergebnissen geführt. Seit einiger Zeit jedoch gibt es neue Varianten von Pensionszusagen, die nicht mehr zu sinnvollen Ergebnissen führen. Das IASB versucht nun, mit neuen Begriffsdefinitionen eine sinnvollere Abgrenzung zu schaffen, ohne die bestehende Bewertung für "klassische" leistungsorientierte Zusagen zu verändern. (3)

Für die Zukunft geplante Bilanzierung der Pensionsverpflichtungen

Das IASB möchte zukünftig eine vollständige Erfassung von versicherungsmathematischen Gewinnen und Verlusten aus Pensionszusagen in der Periode ihres Entstehens. Dazu werden drei verschiedene Verfahren vorgeschlagen, die unterschiedliche Effekte auf den Jahresüberschuss haben: (2)

Erstens: Sämtliche Änderungen werden ergebniswirksam als Teil des Jahresüberschusses erfasst.

Zweitens: Sämtliche Dienstleistungsaufwendungen inklusive der Änderungen der zugrunde liegenden Annahmen werden als Teil des Jahresüberschusses ergebniswirksam in der GuV erfasst mit Ausnahme der Effekte, die aus der Änderung des Diskontierungszinssatzes resultieren. Diese sind aber nicht als Teil des Jahresüberschusses, sondern als unrealisierte Erträge bzw. Aufwendungen im Eigenkapital auf der Passivseite der Bilanz auszuweisen.

Drittens: Alle Aufwendungen werden ergebniswirksam in der GuV erfasst, mit Ausnahme der Änderungen hinsichtlich der finanziellen Annahmen, die als unrealisierte Erträge bzw. Aufwendungen im Eigenkapital zu erfassen sind.

Außerdem machte das IASB den Vorschlag, die bisherige Trennung zwischen beitragsorientierten und leistungsorientierten Pensionszusagen aufzugeben. An die Stelle der Kategorie "beitragsorientierte Zusagen" soll die Kategorie "beitragsbasierte Zusagen" treten. Eine beitragsbasierte Zusage ist im Verhältnis zur ursprünglichen Abgrenzung eines beitragsorientierten Plans weiter gefasst und soll die Kategorisierung moderner Pensionszusagen erleichtern. Bei den beitragsorientierten Zusagen mussten bisher lediglich die zugesagten Beiträge in den Aufwendungen des jeweiligen Geschäftsjahres ausgewiesen werden. Die beitragsbasierten Zusagen sind dagegen künftig mit dem beizulegenden Zeitwert zu bilanzieren. Bei der Ermittlung des beizulegenden Zeitwerts ist das eigene Kreditrisiko des Unternehmens zu berücksichtigen. (1), (2), (3)

Pensionszusagen, die dem Begünstigten ein Anrecht auf den höheren Betrag aus einer leistungs- und einer beitragsorientierten Zusage einräumen, wurden bisher als leistungsorientiert eingestuft. Der Wert der Günstigerklausel (Option) wurde dabei nicht berücksichtigt. Das Diskussionspapier enthält den Vorschlag, diese Option getrennt anzusetzen und zum Fair Value zu bewerten. (3)

Die zukünftig angestrebte verstärkte Bewertung zum beizulegenden Zeitwert bedeutet, dass

Pensionszusagen, die bisher bilanziell einfach abzubilden waren, künftig viel aufwendiger zu ermitteln sind. (1)

Aufgrund eines größeren Einflusses der Schätzparameter, erhöhen sich in der Zukunft die Ermessensspielräume im Rahmen der Bewertung der Pensionsverpflichtungen. (1)

Die Berücksichtigung des eigenen Kreditrisikos hat zur Folge, dass Unternehmen bei sich verschlechternder Bonität einen Gewinn aus der Reduzierung des beizulegenden Zeitwertes der Pensionsschuld ausweisen müssen. (1)

Fallbeispiele

Das Diskussionspapier beschäftigt sich auch mit Pensionsverpflichtungen, die dem Begünstigten ein Anrecht auf den höheren Betrag aus einer leistungs- und einer beitragsorientierten Zusage einräumen. Für Arbeitnehmer, denen bspw. der höhere Betrag entweder eines bestimmten Prozentsatzes des letzten Gehaltes vor Ausscheiden aus dem Unternehmen oder die Verzinsung festgelegter Beiträge zugesagt wurde, für diese muss bei der Bilanzierung eine Aufteilung ähnlich der Vorgehensweise bei eingebetteten Derivaten erfolgen. Dies bedeutet, dass die leistungsorientierte Grundzusage (bestimmter Prozentsatz multipliziert mit dem letzten Gehalt vor Ausscheiden) wie bisher auch mit dem für diese Verträge anzuwendenden Verfahren bewertet wird. Die darüber hinausgehende Option, die unter Umständen zu Mehrzahlungen an die Pensionäre führen kann, muss getrennt bewertet und mit dem beizulegenden Zeitwert in der Bilanz angesetzt werden. (1), (3)

Bisher konnten Unternehmen die versicherungsmathematischen Gewinne oder Verluste aus Pensionsverpflichtungen über mehrere Perioden verteilt erfassen (sog. Korridormethode). Im Jahr 2007 nutzten 12 der DAX-30-Unternehmen diese Möglichkeit der Ergebnisglättung. (3)

Weiterführende Literatur

(1) IASB überarbeitet Bilanzierung von Pensionen aus Börsen-Zeitung, 03.04.2008, Nummer 64, Seite 13

(2) IASB - Diskussionspapier zur Bilanzierung von Pensionsverpflichtungen veröffentlicht aus FINANZ BETRIEB, Heft 4 vom 7.4.2008, Seite 291

(3) Ein langer, steiniger Weg
aus FINANCE - Der Markt für Unternehmen und Finanzen Heft 7-8 vom 04.07.2008, Seite 026

(4) Konzeptioneller Stillstand in der Pensionsbilanzierung: Die Diskussionspapiere von EFRAG und IASB
aus Kapitalmarktorientierte Rechnungslegung, Heft 7/8 vom 1.7.2008, Seite 433

Impressum

Bilanzierung von Pensionsverpflichtungen - IASB legt Diskussionspapier vor

Bibliografische Information der deutschen Nationalbibliothek

Die Deutsche Nationalbibliothek verzeichnet diese Publikation in der deutschen Nationalbibliografie; detaillierte bibliografische Daten sind im Internet über http://dnb.d-nb.de abrufbar.

ISBN: 978-3-7379-1367-6

© 2015 GBI-Genios Deutsche Wirtschaftsdatenbank GmbH, Freischützstraße 96, 81927 München, www.genios.de

Alle Rechte vorbehalten. Dieses Werk ist einschließlich aller seiner Teile – z.B. Texte, Tabellen und Grafiken - urheberrechtlich geschützt. Jede Verwertung außerhalb der Grenzen des Urheberrechtsgesetzes bedarf der vorherigen Zustimmung des Verlags. Dies gilt insbesondere auch für auszugsweise Nachdrucke, fotomechanische

Vervielfältigungen (Fotokopie/Mikroskopie), Übersetzungen, Auswertungen durch Datenbanken oder ähnliche Einrichtungen und die Einspeicherung und Verarbeitung in elektronischen Systemen.